USBORNE

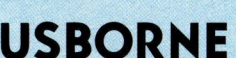

EL GRAN LIBRO DE LOS DINOSAURIOS

Texto: Alex Frith

Ilustraciones: Fabiano Fiorin

Diseño: Stephen Wright

Experto en dinosaurios: Dr. Darren Naish

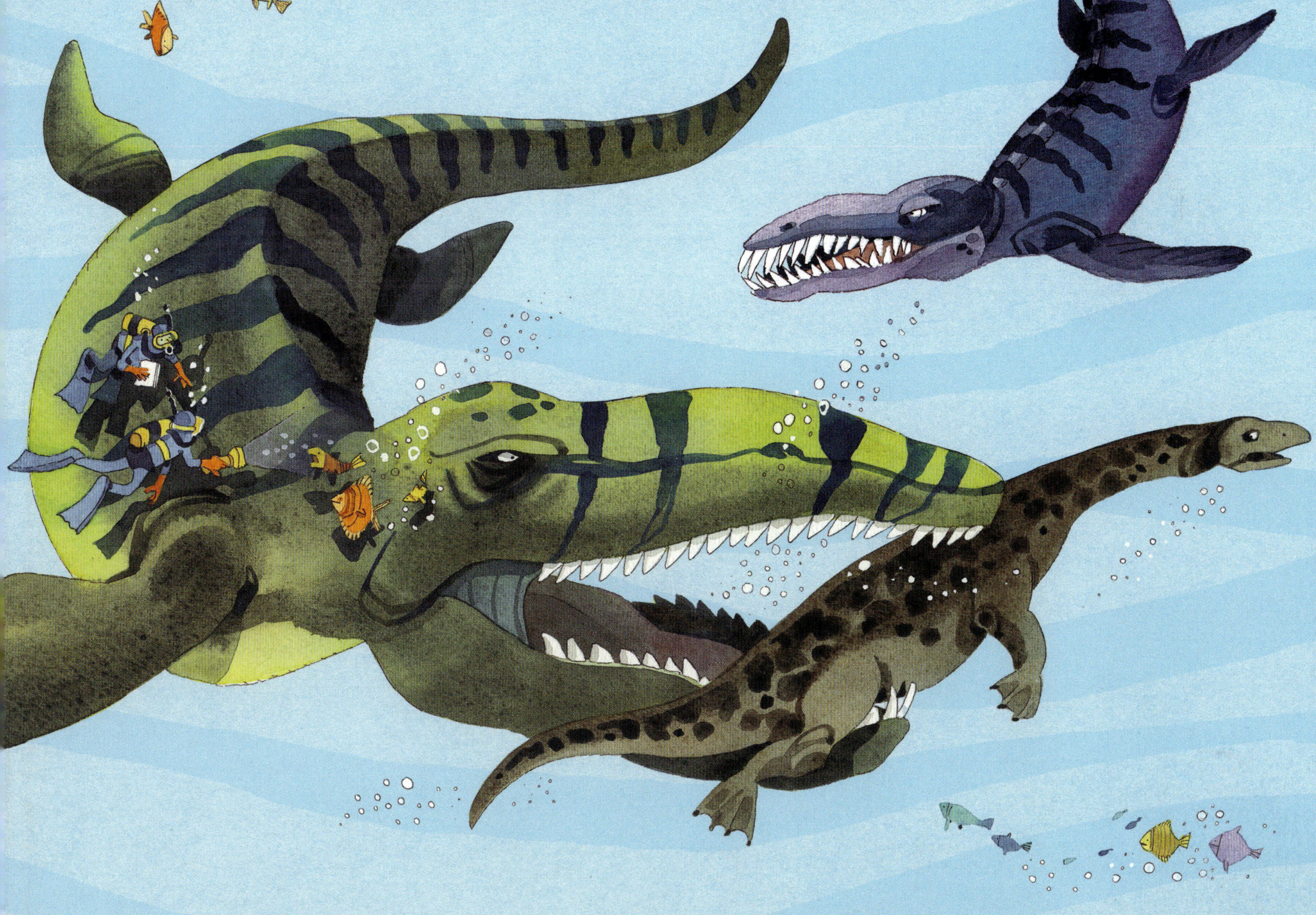

Lagartos terribles

Hace muchísimo tiempo, antes de que existiéramos los seres humanos, unos animales llamados dinosaurios poblaban el mundo entero. Algunos eran ENORMES.

Los dinosaurios fueron los animales más GRANDES que han vivido jamás en tierra firme.

Los pterosaurios eran reptiles voladores que observaban desde las alturas a los dinosaurios.

Nadie sabe con exactitud el tamaño del dinosaurio más grande de todos, pero tenía, por lo menos, la LONGITUD de una piscina, la ALTURA de tres autobuses y el PESO de veinte elefantes.

Los dinosaurios ponían huevos de los que salían las crías. Al principio tenían el tamaño de un pollito, pero enseguida empezaban a CRECER Y CRECER.

Los amos del mundo

Había dinosaurios de formas y tamaños muy distintos. Algunos eran pequeños, pero otros eran ENORMES.

Despliega las páginas para ver si encuentras todos estos dinosaurios en la escena que hay debajo.

Compsognatus
0,7 metros de longitud

Eorraptor
1 metro de longitud

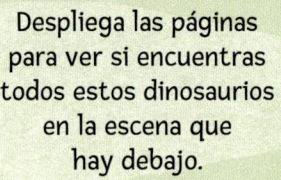

Los dinosaurios más GRANDES de todos eran los saurópodos. Tenían el cuello y la cola muy largos y eran herbívoros.

Iguanodonte
9 metros de longitud

Parasaurolofus
10 metros de longitud

Braquiosaurio
22 metros de longitud
El braquiosaurio podía alzar la cabeza a la altura de seis autobuses de dos pisos.

Argentinosaurio
35 metros de longitud
El argentinosaurio pesaba alrededor de 88 toneladas, lo que equivale a más de 10 elefantes.

Apatosaurio
23 metros de longitud

Protoceratops
2 metros de longitud

Pteranodonte
1,8 metros de longitud
7,6 metros de envergadura

Tsintaosaurio
8 metros de longitud

Estegosaurio
9 metros de longitud

Telmatosaurio
5 metros de longitud

Supersaurio
35 metros de longitud

Diplodocus
33,5 metros de longitud, lo que equivale
a dos autobuses aparcados en fila

Colosos del aire

En la era de los dinosaurios, el cielo estaba plagado de seres voladores llamados pterosaurios.

El **zhejiangóptero** tenía el pico muy largo comparado con el cuerpo.

El pterosaurio más grande de todos era el **hatzegoptérix**. Sus alas, que eran GIGANTESCAS, tenían una envergadura de 12 metros. Un ala sola era más alta que un autobús de dos pisos.

Las alas extendidas del **quetzalcoatlus** podían llegar a medir 10 metros de punta a punta.

El **tropeognatus** tenía una envergadura de 8 metros.

El tupuxuara tenía una cresta ENORME en la cabeza.

El ranforrinco tenía el tamaño de un ganso.

El anhanguera tenía unos dientes temibles.

El ornitoqueiro medía 3 metros de alto cuando se posaba en el suelo.

El arqueoptérix fue una de las primeras aves.

El **espinosaurio** vivía en los ríos donde cazaba a sus presas.

De todos los terópodos, el **giganotosaurio** era el que tenía la cabeza más grande.

El **triceratops** tenía una cabeza DESCOMUNAL y unos cuernos muy largos.

Las afiladas garras del **tericinosaurio** eran LARGUÍSIMAS.

Se cree que el **bambirraptor** cazaba en grupo.

El **espinosaurio** usaba la vela INMENSA que tenía en el lomo para intimidar a sus rivales.

Bestias terroríficas

Los dinosaurios más ATERRADORES eran gigantes con dientes enormes y garras afiladas.

Hasta sus presas daban miedo, porque tenían cuernos, púas y placas por todas partes para intentar protegerse de ellos.

Estenonicosaurio
2,5 metros de longitud
Posiblemente comiese plantas y animales pequeños.

Bambirraptor
1,3 metros de longitud
Carnívoro

Despliega las páginas para ver si encuentras todos estos dinosaurios en la escena que hay debajo.

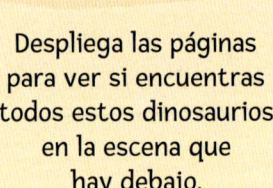

Paquirrinosaurio
7 metros de longitud
Herbívoro

Triceratops
9 metros de longitud
Herbívoro

Tericinosaurio
10 metros de longitud
Posiblemente comiese plantas y animales pequeños.

Tiranosaurio
12,4 metros de longitud
Carnívoro

Giganotosaurio
13 metros de longitud
Carnívoro

Velocirraptor
1,8 metros de longitud
Carnívoro

Deinónico
3,4 metros de longitud
Carnívoro

Estiracosaurio
5,5 metros de longitud
Herbívoro

Pentaceratops
6 metros de longitud
Herbívoro

Sauropelta
6 metros de longitud
Herbívoro

Anquilosaurio
6 metros de longitud
Herbívoro

Carcharodontosaurio
12,5 metros de longitud
Carnívoro

Espinosaurio
14 metros de longitud
Carnívoro

Los dinosaurios carnívoros
más grandes se llaman
terópodos. El espinosaurio
era el más largo de todos.

El **tiranosaurio** tenía unas mandíbulas fortísimas, capaces incluso de triturar un coche.

El **carcharodontosaurio** tenía
más de 60 dientes largos y afilados.

Las defensas
del **sauropelta** eran
unas púas FORMIDABLES
en el lomo.

El **anquilosaurio**
estaba recubierto de
púas que lo protegían
de los ataques.

El **velocirraptor** tenía
el tamaño de un pavo,
pero era MUY agresivo.

Monstruos marinos

En la era de los dinosaurios, en los océanos vivían seres tan enormes como aterradores. Algunos eran del tamaño de una ballena, pero con un cuello muy LARGO o unas mandíbulas ENORMES.

El **liopleurodonte** tenía una dentadura muy afilada.

El **mosasaurio** era un monstruo de 13 metros que se alimentaba de peces.

Periodo Cretácico:
hace 145-65 millones
de años

El **anhanguera** vivió hace 115 millones de años.

El **tsintaosaurio** vivió hace 75 millones de años.

El **iguanodonte** vivió hace 130 millones de años.

El **giganotosaurio** vivió hace 100 millones de años.

El **sauropelta** vivió hace 115 millones de años.

El **protoceratops** vivió hace 70 millones de años.

El **carcharodontosaurio** vivió hace 110 millones de años.

El **argentinosaurio** vivió hace 95 millones de años.

El **mixosaurio** era más pequeño que una persona.

El **lariosaurio** medía la mitad que una tortuga marina.

El **notosaurio** comía pescado.

El **shonisaurio** era el monstruo marino más grande de todos. Tenía una longitud de 21 metros, es decir, tres veces la de un tiburón blanco.

Periodo Jurásico:
hace 206-145 millones
de años

El **ranforrinco** vivió hace
150 millones de años.

El **liopleurodonte** vivió
hace 160 millones
de años.

El **arqueoptérix** vivió
hace 145 millones
de años.

El **estegosaurio** vivió
hace 155 millones
de años.

El **compsognatus** vivió
hace 155 millones de años.

El dinosaurio
más alto:
18 metros

El **sauroposeidón** vivió
hace 150 millones de años.

El **supersaurio** vivió hace
155 millones de años.

El **diplodocus** vivió hace
155 millones de años.

El **braquiosaurio** vivió
hace 150 millones
de años.

Cronología de los dinosaurios

Los primeros dinosaurios aparecieron hace 220 millones de años, pero no todas las especies vivieron al mismo tiempo. Aquí tienes algunos ejemplos de cada uno de los distintos periodos a los que pertenecieron.

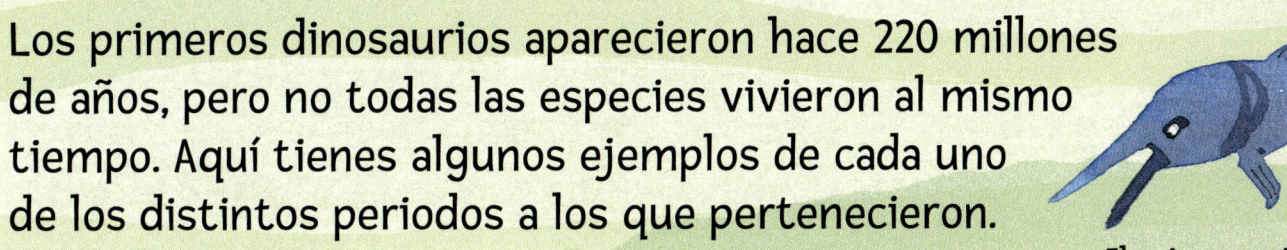

El **mixosaurio** vivió hace 220 millones de años.

Periodo Triásico: hace 248-206 millones de años

El **lariosaurio** vivió hace 220 millones de años.

El **notosaurio** vivió hace 230 millones de años.

El **eorraptor** vivió hace 220 millones de años. Fue uno de los primeros dinosaurios.

El **shonisaurio** vivió hace 210 millones de años.

El dinosaurio con la cola más larga: 13 metros

El **tilosaurio** era capaz de saltar del agua para atrapar aves marinas en pleno vuelo.

El **talasomedonte** medía 11,6 metros. La mitad de esa longitud correspondía a su LARGUÍSIMO cuello.

El dinosaurio más inteligente

El **estenonicosaurio** vivió hace 75 millones de años.

El **quetzalcoatlus** vivió hace 65 millones de años.

El dinosaurio con los dientes más largos: 36 centímetros

El dinosaurio con los cuernos más largos: 1 metro

El **tiranosaurio** vivió hace 65 millones de años.

El **triceratops** vivió hace 65 millones de años.

Uno de los dinosaurios más veloces: 65 km/h

El **ornitomimus** vivió hace 65 millones de años.

El **elasmosaurio** vivió hace 65 millones de años.

El dinosaurio más pesado: 100 toneladas

Los últimos dinosaurios se extinguieron hace 65 millones de años.

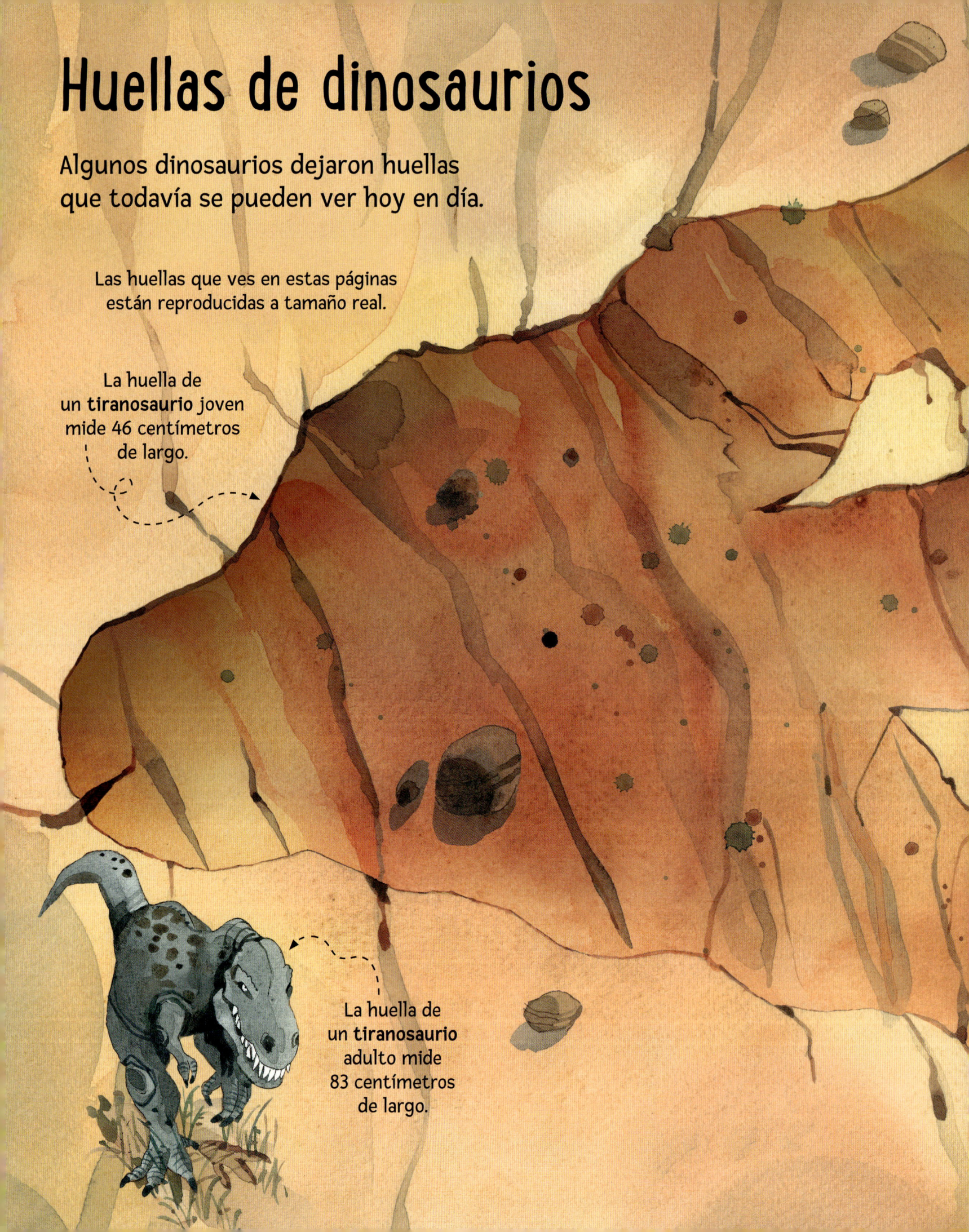

Huellas de dinosaurios

Algunos dinosaurios dejaron huellas
que todavía se pueden ver hoy en día.

Las huellas que ves en estas páginas
están reproducidas a tamaño real.

La huella de
un **tiranosaurio** joven
mide 46 centímetros
de largo.

La huella de
un **tiranosaurio**
adulto mide
83 centímetros
de largo.

Diseño de la colección: Mary Cartwright
Redacción de la colección: Jane Chisholm
Con la colaboración en el diseño de
Lisa Verrall y Laura Wood
Diseño digital: John Russell

Traducción: Antonio Navarro Gosálvez
Redacción en español:
Isabel Sánchez Gallego y Anna Sánchez